Le Peut-Être

SANDRINE ADSO

Le Peut-Être

L'Interrogation veut combler le vide et se rassurer de la plénitude. Son unique but est d'atteindre la connaissance, et chercher la véritable Incertitude.

Édition : BoD - Books on Demand, info@bod.fr
Impression : BoD – Books on Demand, In de Tarpen 42,
Norderstedt (Allemagne)
Impression à la demande
ISBN : 978-2-3225-0609-5
Dépôt légal : Novembre 2023

Ton sourire sur la mer,
Attendre ton pas,
Au bout de là-bas
Au détour de la plage
Découvrir ton visage
Sur l'avant-garde de la lumière.

Tu es mon centre, mon équilibre
Ma joie qui vibre,
Pleine de tes frissons.
Je m'endors pleine de ton prénom.

Tu es le premier
Et sans doute, le plus bel été.

Toutes les nuits, je cours dans tes bras
T'apporter ma vie, comme un cadeau, comme une loi.

Tu es toutes mes encore une fois
Je t'aime encore
Plus fort,
Vers l'au-delà,
Vers toi.

Parce que tu es à chaque fois, cette nouvelle clarté
Qui fait chanter le jour, lorsqu'il se lève premier
Regard du monde
Au bord des ondes.

Et je t'aime, comme on aime lorsque l'on attend
Que se lève le vent
Pour venir murmurer des merveilles
Qui font le sourire des anges.
Dans la cohorte parfumée du soleil
Alors, j'ose rêver le mélange
Du jour et de la nuit,
Encore une fois,
Et je te souris,
Assise au bord de ma vie.

Eux

Ils sont charnels,
Souvent cruels.
Mais toi, toi tu es
Semblable à un vent léger
Qui adoucit les nuits
Et l'espace s'agrandit
Vers un centre infini.
Là où se juxtaposent les forces.

Et bien souvent, je cherche l'écorce
Du plus bel arbre
Pour te poser sur un socle de marbre
Le bouquet frais et fleuri du printemps.
Et j'aime le vent.

Que reviennent ces instants
Où je t'ouvrais la porte de mon bonheur
Là où pour quelques heures,
Je pouvais vibrer sur l'échelle du temps,
Puisqu'à chaque marche, tu posais une fleur.

Alors, dans tes mains
Je redeviendrai ce jardin
Dont les voilures de lin
Doucement, fleurissent avec le matin.

Ainsi s'absentent les ténèbres, pour quelques étoiles
Et le poète les fait danser dans un souffle estival.

J'ai attendu

J'ai attendu que le ciel s'éteigne, que la pluie vienne
Pour boire à l'élixir de la haine,
Et retrouver le goût de l'amour.

Ce parfum s'anime dès le petit jour,
Et je retrouve ta trace
Et je fais partie de ta race :
Tu es le roi des licornes, le roi de mon amour.

Tu donnes plus que la lumière du jour,
Tu me donnes une raison d'être parmi les fleurs,
Pour notre plus grand bonheur.

Tu es la lumière irisée de l'aurore
Le sceau de Salomon sculpté dans de l'or
Et les vagues de mes nuits
T'emmènent jusqu'au petit matin,
Où avec toi, s'éveille la vie,
Et je sais quand c'est toi qui vient :
Tout le temps…
Dans tout mon espoir et cet éternel printemps.

Et je me cache derrière l'arbre gris-bleu
Pour dessiner quelques moments fabuleux
À la lueur de nos désirs qui s'éveillent,
Et…, monte le soleil
Comme une armée de rayons
Qui transpercent la folie dans un cœur de diamant blond.

Et quand arrive le matin
Je sais reconnaître ta main :
À cette grâce infinie
D'une douceur près de laquelle pâlit
Le premier oranger.

J'ai attendu que tu es envie du jardin
Pour me coucher dans une rivière de satin.

Alors peut-être, je découvrirai ce parfum
Qui m'avait enivrée
Aux abords du premier été
…, le jour parfait où je t'ai rencontré.

La larme est là

La larme est là, prête à couler jusqu'à ma bouche.
Je l'essuie et je la touche
Elle se pose comme un tourment sans arme.
Mais viennent d'autres larmes !
Et quel est ce tourment langoureux ?
Qui me fait fuir le désert bleu,
Où ce matin j'ai vu encore danser l'ange.

Je parle de toi à mes nuits et je mélange
Le temps et l'infini pour que jamais la mort ne vienne,
Et l'instant peut se montrer vif et plein de haine.

Mon seul secours
Est dans ton amour,
Celui où je t'attends
Depuis le tout premier printemps ;
Et je voudrais que celui-ci dure
Et accepte ce rêve, qui enfin mûr
Pourra s'élancer
Dans ton éternité.

Acceptes-tu de goûter au fruit de mon amour ?
Acceptes-tu de vibrer tout entier et de t'offrir au jour ?

Le fruit est bon
Plein de saveurs exotiques
De ce pays où tout est pardon,
Où résonnent encore les rires antiques,
Des lutins et des géants
Aux confins de ce continent
Dont les frontières
Résident dans un ciel ouvert.

À travers lequel se posent quelques arcs-en-ciel
Qui viennent de l'arbre à fruits lourd et solennel
Où l'Homme se reconnaît à la lumière du jour.

Sans se rappeler qu'il est issu du magma primaire
Dans lequel les eaux aiment fuser vers la lumière,
Qui toujours
Fait naître et renaître l'amour
Au fil des désirs insolents
De la femme et de son amant.

Laisse-moi souffler longtemps sur ton souffle
Dans un corps à corps où je m'essouffle,
Mais bien vite ranimée
Par la douceur de tes baisers.

Ta bouche est un miracle,
La nuit, elle chante l'oracle
D'Aphrodite, qui vient jusqu'à ton sommeil,
Je reçois ses louanges au-delà de mes éveils.

Ta bouche est un miracle de plaisir
Depuis longtemps, maintenant elle est devenue tout un avenir.

Et je jalouse ce vin que tu portes à tes lèvres
Et me laisse là devant, toi dans la fièvre.

Ta beauté est royale et peu de gens peuvent la contempler
Je suis posée à côté de ta psyché,
j'ai construit autour de toi un labyrinthe de miroirs
Pour capturer la lumière du soir,
Où nous pourrons nous aimer,
Sans offenser aucune divinité.

Puisque tu es ce bien aimé
Envers qui se consument toutes les beautés
Dans le brasier d'ébène de ton regard
Où le feu a choisi de chanter tous les soirs
Comme la plus belle réponse face à la mort.

Et ce temps qui passe m'encourage
À caresser la licorne depuis un toujours et un encore.

L'ami

Celui à qui l'on peut parler du temps gris
Et lui parler à chaque fois qu'il te sourit,
Celui qui aime prendre ta main et la pose sur son cœur,
Pour que tu entendes le rythme de son bonheur.

Il connaît toutes tes peurs,
Il écoute les larmes de ton soleil lorsqu'il pleure,
Il rallume le feu dans le foyer
Il libère dans la lumière les oiseaux emprisonnés.

Il pose sur ta joue, des baisers
Qui laissent les traces de l'éternité.

L'ami est assis à côté de toi
Sur une petite chaise en bois,
Il t'écoute venir
Et pose sa tête doucement dans le creux de ton avenir.

L'ami, c'est toi, poète en exil…
Prisonnier des terres concubines
Du dernier rêve de la mariée tranquille
Dans ses joies et espérances divines.

L'ami, veille avec toi, jusqu'au petit matin
Le signe de l'amant cruel et certain,
De la bouche rose qui s'éveille sous ses doigts,
De ces yeux terrifiés lorsque le jour n'est plus là.

Alors l'amant réconcilié
S'annonce avec une fanfare endiablée
Et fait se lever, dans un bref sursaut
L'étoile de Vénus, au pied du rideau.

Le chant de ta voix

M'entraîne dans des mers toujours plus au-delà
Au-delà de ce que tu me donnes,
La vie passe, chante et fredonne
L'incroyable amour qui court dans mes veines.

Hier, j'aurais voulu sécher tes cheveux mouillés par la pluie de l'orage,
Hier, comme à chaque fois j'étais heureuse et sereine
Et j'en savoure tous les présages.

Comment cela peut-il en être autrement ?
Le fluide de l'amour galope dans mon sang.

Tu m'apportes les lumières et le vent,
Je t'offre mon inspiration, de chaque instant,
Tu es le cheval blanc
Que je n'ose pas chevaucher
De peur de te blesser.

Tu fais fuir tous les centaures dionysiaques
Pour faire de Chiron, l'exemple calme et doux
Parmi tous ces êtres fantasques
Tu es l'être sans courroux,
La pluie qui pose
Sur les anciennes roses
Sa nouvelle écume,
Et fait disparaître les brumes.

Le son de ta voix
M'inonde de désirs et m'entraîne vers toi,
Au royaume dont tu es le roi,
Et qui s'appelle : moi.

Chante sous le vieux pont,
Ses vrilles montent au ciel et il a l'air heureux
Il a dans son cœur, tous les tisons
Des feux les plus caressants
Et il s'attarde auprès de la source du temps.

Sa belle est prisonnière
Et c'est pour elle, qu'il part en guerre ;
Oui, mais ce matin, ce matin
Il a choisi de chanter avec un verre de vin :
Les couleurs de son roi,
Au festin de Merlin,
Et le cidre qui coule à flots, le fait rêver d'exploits
Extraordinaires et peut-être même magiques.

Et dans le vaste panel onirique
Des rêves qui font la charpente des chevaliers
L'oracle aura parlé
De la rose bleue
Dans ce crépuscule de feu
Qui défera le sortilège
Et annoncera le cortège
Des matins de gloire
Et de victoire.

Le désir est fort,
Plus fort que la mort :
Tes bras sont la vie,
Où tout l'amour du monde est permis.

Tu es mon seul interdit
Et pourtant tu m'incites à te découvrir
Et j'ignore encore tout de ce plaisir,
Tout ce qui est toi, me fait frémir :
De ta main, jusqu'à ta bouche
Devant ta superbe, je me couche
Ou je danse
Dans un temple où ma divinité est transparence
Et s'appelle Éternel.

Alors je remercie fidèle
Tous les instants que m'offre le ciel.

Avec toi, j'ai appris à aimer Dieu
Et à prier pour mon unique vœu :
Toi.

Quand tu es près de moi,
Je perds tout contrôle,
Mais je ne céderai jamais aux idoles.

Je perds le contrôle de mes pensées
Et je suis, comme foudroyée.

Tu es plus chaud que l'été le plus brûlant
Tu es le commencement et la fin
Tu es l'oiseau chantant
Sous mes rêves certains,
De toi
Et, encore de toi
Jusqu'à la prochaine nuit.

Où je m'élève vers ce paradis
Que sont ton corps et ton esprit.

Le désir est si fort
Que mes mots se transforment en graines d'or
Et font de toi, l'homme le plus heureux de la terre.

Cette nuit j'ai partagé ta lumière
Sous l'orage et les éclairs,
Et tu étais là
Sublime, tel un roi.

J'ai senti ta bouche, tes bras, tes mains
Et je me suis reconnue en toi,
Et tu m'as accompagnée jusqu'au matin
L'éclat de ton amour a monté jusqu'en moi.

Plaisir et bonheur pour une même nuit
Oui, j'ai voyagé jusqu'aux étoiles de minuit,
J'ai vogué sur les océans de ta douceur et de ta puissance.
Et maintenant, me reste le souvenir de ces calmes transes :
Une simple jouissance sans aucun cri
Juste les soupirs qui désormais, de toi accompagnent toute ma vie.

Tu as tout à me faire découvrir
Tu es mon éternité, la rivière de mon avenir.

En toi, j'ai placé le miroir de ma jeunesse
Il est posé au pied du lit dans le calme et la tendresse,
Et il dessine tous les sourires que je t'envoie,
Parce que c'est toi…

Tu es venu, un matin et tu as vu la merveille :
Ma licorne bleue
Qui a su dans notre unique soleil
Faire de nous deux,
Deux êtres qui s'adorent
Bercés par la lumière d'or.

Et je sais que le temps passant
Je connaîtrais tous les printemps
Du temps qui passe
Et laisse les traces
D'un amour, dont l'unique source est TOI,
Toi, mon roi.

Le silence que j'aime entendre me rapproche des premiers instants
Où tu as chanté dans le vent.
Je t'ai longuement écouté
Et j'ai pu admirer la beauté
De ta voix, de tes mots, de ta mélodie.

Tu parlais de l'infini
Comme on parle d'un jeu
Et j'ai compris que tu venais d'un autre lieu.

Un endroit bleu
Où dansent les fées et les lutins amoureux.
Juste à côté, il y avait du feu
Alors, je me suis assise sur la pierre
Et d'une pensée, j'ai parcouru le désert.

Alors j'ai compris
Le premier mot que tu m'as dit :

OUI.

Il porte le prénom d'un roi
C'est lui, dont je rêve tout bas
Dans la gloire de mes nuits profondes
Deviennent des gouttes d'eau, toutes les secondes.

Il est le mystère où s'accomplit la passion,
Il devient ma vision
De tout l'horizon.

Il est ce prince au turban bleu
Qui rassemble dans le feu
Les pierres et les cailloux
Et se met à genoux,
Devant l'enfant du vent.
Et il n'a pas peur du temps.

Il a le courage d'un homme
Qui interpelle et nomme
Un après l'autre, tous les dieux
Il a cependant peur du feu
Qui brille dans mes yeux,
Lorsque l'orage arrive
De l'autre côté de la rive.

Là où se posent une à une les créatures de l'eau
Qui le voyant chante haut,
La gloire de leur amour
Pour cet homme qui danse avec le jour...,
Et quelquefois,
Moi.

Je ne cesse de te sentir dans tout mon être
Les lunes, les orages peuvent bien paraître,
Rien ni maintenant ni jamais
Ne me fera cesser de t'aimer.

Tu es ma première lumière
L'aube douce et tranquille où je fais la prière
Du ciel,
Pour l'Éternel
Qui me comble de toi.
Alors, je reçois la joie.

Merci,
Depuis toi, je me sens en vie
Tu deviens jour après jour mon infini,
Ma substance vitale
Mon horizon vertical
Et je ne cesse de vibrer de toi,
Partout où je vais.

Tu fais de moi, la femme qui accepte tes Lois
Pour toi, je nais et renais
Chaque jour, chaque instant
D. deviendrons-nous un jour des amants ?

Et si notre légende devait être écrite
Je deviendrai l'auteur qui t'invite
À parcourir les terres vierges de mon corps
Ensemble, nous atteindrons des extases d'argent et d'or.

Devant toi se couchent la panthère et le lion
Et dans tout le ciel, les anges dessinent ton prénom.
Et doucement, à côté,
J'écrirai le mien dans le feu de l'été
Pour passer un hiver très doux.

Ma première fois

Le soleil se réjouit
Avec moi,
De ton odeur, de tes parfums
Encore un petit matin.
Laisse-moi courir vers toi :
Les bras ouverts,
Le cœur offert.

Pour toi j'écrirai encore et encore
Jusqu'à graver sur ton corps
Les lettres de l'amour et du plaisir :
Elles ne sont pas compliquées
Il me suffit de prononcer ton prénom
Et je me retrouve dans un palais
Dans la ville d'Hébron.

Là, je peux entendre ton rire.

Mon roi,
Ma liberté est à toi
Et lorsque je prie
Je t'envoie des couleurs, des oiseaux et des lumières éblouis
Pour que tu ne meurs jamais
Et que je puisse t'aimer pour l'éternité.

Puisque mon désir va vers toi
Dans la brume bleue d'un soleil qui se couche sur toi,
Comme une femme amoureuse,
Comme moi.

Ton chemin est sauvage
Le ciel l'accompagne partout dans son sillage.
Alors je vois les fleurs et les fontaines
D'un palais fait pour une reine.
Mais je ne suis pas celle-là, je suis la bohêmienne
Qui danse pour toi
Quand ton chemin se pose à l'endroit,
Où dorment les statues
Qui allument en moi, le désir presque nu
Qui n'a que le vêtement
De cet instant foudroyant
Où l'éclair a posé son manteau splendide
Sur mes épaules, encore humides
De toute cette pluie,
De toutes ces vies.

Ton chemin est un parfum
Qui vient de ce temps jadis, où encore dans sa genèse parfaite
Le monde était plein
De la parole divine et des ténèbres, qu'elle arrête.

Et le chemin était long pour aller jusqu'à toi
Là-haut dans ce chateau d'or et de bois.

Alors, j'ai appelé les musiciens de l'amour
Et l'oiseau, qui venu avec le jour
S'est posé sur la brindille
A questionné tous mes ancêtres et ma famille :
"Pourquoi as-tu choisi ce chemin ?,
As-tu prié ce matin"?

Et j'ai répondu que c'était juste le rêve d'un poète
Qui se pose à mes côtés et soulève ma tête,
Pour que je vois la nef des fous
Amerrir au pays encore flou,
Là où le soleil, donne son petit et son immense
Dans un jeu, avec alternance
De larmes et de sourires.

J'ai été surprise par les vents,
Allongée aux portes du firmament.

À cet endroit, je comptais les sursauts de l'Aquilon
Et je voulais courir vers l'horizon,
Qui dans son immensité
Espérait la voir arriver dans ce galop léger.
Enfin la licorne a cessé de galoper
Et s'est posée aux premiers creux des vents
Pour apparaître quelquefois dans le rêve des enfants.

Alors, maintenant je sais quand j'ai connu la douce merveille
Le cheval à la corne de soleil.
Dans un rêve d'enfant,
Un rêve troublant,
Où je fus interpellée par mon prénom,
Alors, je fus baptisée par le premier rayon
Venu de l'étrange contrée
Des souffles étrangers.

Au pays des silences,
La nuit monte l'ange
Qui bénit les enfances,
Celles qui mélangent
Hier et demain
En se tenant par la main.

Et, et alors…, j'ai ouvert grand les bras
Pour la première fois,
Et j'ai reçu la caresse et la vision
Du seul être qui ne pose pas de questions :
La licorne.

Jamais ce que ma bouche n'osera te demander,
Ressemble aux danses incertaines sur les vagues de la mer
Qui ont décidé de rendre grâce à l'éternité
Dans une simple prière,
Qui ne s'adresse à aucun dieu,
Mais qui ressemble au jeu,
D'un enfant.

Comme un coquillage que l'on n'oserait pas ouvrir
De peur de déranger l'ondine et de la faire rire.
Car les rires brisent les murs du temps
Et la belle, a besoin de l'après et de l'avant,
Pour se souvenir de la main de l'homme-amant.

Elle se rappelle d'abord du naufrage
Puis de l'enivrant visage
De ce marin,
Qui tendait les mains.

Puis, elle se souvint de l'écume que le vent avait déplacée,
Alors elle s'est dressée,
Et elle a dansé sur la mer,
Et c'est là qu'elle a vu la lumière, …
Et cet homme pris entre la mort et la vie,
Et lentement, elle s'est approchée de lui.

Il la vit et dans une pulsion très forte d'un désir
Il a cherché à la retenir,
Dans son rêve d'amour.

Elle ne lui posa aucune question :
Elle dansa tout le jour
Autour de lui, avec les frissons
Qui accompagnent leurs nombreux baisers,
Et le matelot fut emporté,
Sans question,
Dans une vague bleue.

L'homme ensorcelé se retrouva nu sur la plage
Il se rappellait vaguement d'un visage,
D'un visage féminin qu'il avait tenu entre ses mains.

Il se rappelle de la litanie proféssée dans le matin.
Il se rappelle des secrets promis,
Il se rappelle d'elle,
Sans savoir qu'il lui avait raconté toute sa vie …
Dès lors, jaillit l'étincelle.

Sa vie… délivrée du sablier !
L'ondine lui avait offert l'éternité.
Et son seul avenir,
Était de l'aimer
Et de faire éteindre les rires,
Aux tréfonds des abîmes marins
Il n'avait posé aucune question, juste tendu les mains
Vers elle,
Et dans les étincelles,
Salées qu'elle répandait, autour d'elle.

Ils se marièrent
Dans les eaux et la lumière.

Depuis lors, l'homme traine sa misère
De retrouver ce corps si cher.

Il ne la reverra jamais
Peut-être se penchera-t'il pour écouter
Sa voix éparpillée
Dans les rochers,
Sur le sable,
Le sable…

La victoire du temps

Le temps humain a différents visages
Du soleil qui parcourt tout le ciel
Et qui de gauche à droite, chaque jour, fait le voyage
Dans l'horizon qui se couche à son appel.

Dans ce sable qui s'écoule dans la clepsydre
Dans le combat qu'Héraklès mena contre l'hydre,
Dans cette fleur qui se penche lentement vers la terre,
Dans mon visage dont la fraîcheur est emportée vers des temps secondaires.

M'accompagneras-tu le long de ce chemin
Où chaque jour porte ses trésors et ses venins ?
Ce matin, encore j'ai appelé l'ange
Pour que s'accomplisse le surprenant mélange
Du jour et de la nuit,
Dans cet instant béni
Qu'est l'aube matinale,
Instant magique
Où ni le bien, ni le mal
Ne se couchent devant son portique.

Dans l'écurie d'Hélios et de ses chevaux,
Tu verras monter haut,
Dans les cieux, la petite nacelle
Qui accompagne le voyage du dieu
Qui fait jour et matin dans les yeux
De tous les mortels.

Mais Kronos après sa victoire, après sa défaite lors de la titanomachie
A cependant réussi
À imposer la présence de la mort.

Seul Zeus, a le pouvoir de donner l'éternité.
Ou d'adoucir la mort,
Dans une coupe de miel offerte avec paternité.

Est encore un mystère.
Quelquefois rêve, quelquefois prière,
Elle s'appelle tantôt vertige, tantôt danse.

Elle émeut d'abord, la première innocence
Elle peut être dans le silence,
Mais toujours dans la résonance de ton cœur,
Je t'entends et je cours vers tes profondeurs.

Tu es ce mystère qui donne à notre danse sa pulsation,
Tu es cette pulsation qui donne à notre danse son mystère.

Et je t'attends chaque soir au bord de l'horizon,
Au bord du lac et de sa lumière.

Ainsi notre danse ne sera jamais troublée
Et tu resteras mon unique cavalier.

Parce que tu connais les noms de l'invisible,
Parce que tu vis toujours dans le perfectible,
Parce que tu bouges comme une étoile, sûre de sa lumière
Et lentement, dans tes bras je parcours la terre,

Mais toujours, je reviens à tes bras
Le seul endroit
Où je n'ai pas peur,
Et où j'ouvre tout grand mon cœur.

Dès le premier pas, je t'ai donné la clef
Et tu l'as enfouie en ton âme, comme un secret
Comme le jour qui n'attend que de renaître,
Alors, peut-être je sortirais de ma nuit.

Berce les mystères
De l'Éternel exemplaire,
Du premier livre d'amour.

Regarde là-bas à travers le jour
Pour y trouver la lumière,
Tu peux tout imaginer :
La victoire, l'amour et le succès
Car tu as su décrypter
Le premier rayon de soleil
Qui t'as fait surgir en éveil.

Regarde l'étoile de ton cœur,
Elle saura te décrire la couleur
De ton horizon,
Y poser ton prénom
En lettres fleuries
Celles, qui courent le long de la vie.

Parce qu'elles savent que le long de leurs vies,
Il y a ta vie aussi,
Comme un miroir
Comme un couloir.

Ce premier rayon de soleil,
C'est aussi la joie d'assister à ton réveil
Lorsque tu sors des brumes lourdes du sommeil,
Et que la nuit a posé en toi
Le mystère de ce soleil.

Merci

Merci au silence de chanter les anges
Merci aux anges de chanter le silence.

Je te remercie, toi qui connais l'étrange mélange
D'un cœur qui s'allume de ta fragrance.

Et, oui, il y aura toujours ces océans
Aux portes ouvertes,
À ces nouvelles minutes
Qui pour toi, sont offertes.
Toute la mer en discute.

Tu connais le poids du temps,
Le souffle du vent.
Et ce premier instant
Allume en toi, le désir du printemps.

Au froid de l'hiver,
À la chaleur de l'été
Se posent l'étonnant bonheur de l'automne et du printemps.
Et tu te rappelles qu'hier,
Je t'ai aimé.

Merci à toi, d'avoir laissé ouverte la porte de l'amour,
Qui dans tout mon être s'est levée et a vu le jour,
Cette porte de corne m'ouvre la vision de toi :
Et tu es vivant et pour cela
Tu ne demandes rien
Juste entendre ce petit refrain,
Sur les notes du matin.

Et je caresse des rêves d'or,
Des rêves bien plus forts :
Où le monde lève le drapeau de l'ultime paix,
Première et dernière sur le monde entier.

Elle rêve de parcourir le monde humain,
Elle tient dans ses mains
Le peigne et le miroir,
Elle monte sur le rocher, quand s'allonge le soir
Et elle écoute les murmures de la terre.

Elle se souvient du rire des enfants au bord de l'eau, au bord de la mer.
Et pour oublier,…, elle se couche devant
La porte de Léviathan ;
Celui qui fait si peur aux mortels
Et puis elle retourne au puits du sel.

Là, elle délivre tous les parfums de la mer :
Les embruns salés,
Les coquillages aux corps ouverts
Et la lumière qui tente de percer,
La voûte marine ;
Et danse, l'ondine.

Et si elle laisse tomber son étrange miroir
Ce n'est que dans l'espoir
Qu'il soit pris par les mains de l'humain.

Il contient,
Tous les visages de la sirène,
Et dans ses yeux alourdis
Par les trop longues nuits,
Océanes,
Elle t'emmène
Visiter les confins de la mer oubliée.
Et elle condamne,
À tous le secret.

Alors tu sauras, le peigne et le miroir
De la sirène, qui s'élance vers le phare
Dans l'espoir
D'encore et toujours apercevoir,
Le visage resplendissant
De cet homme qu'elle attend
Depuis tellement longtemps.

L'attente

De toi.
Des jours et des nuits, sans entendre le son de ta voix,
Sans voir les éclairs imprévibles de ton regard
Mais si nombreux, qu'ils ont allumé en moi l'histoire,
De la licorne, elle sait la puissance de mon amour ;
Elle me voit œuvrer pour toi, dans le jour
Et dans chacun de mes rêves la nuit,
Elle me fait goûter le fruit, offert et permis
Du charnel.

Et, si je rêve de toi, prendras-tu un jour le temps de lire ces lignes virtuelles ?
Parce que j'ai besoin de ton souffle,
Sans lequel je m'essouffle.

Parce que j'ai besoin de tes mots
Comme la fleur appelle l'eau,
Comme l'enfant attend la main,
Qui l'accompagnera jusqu'à son demain.

L'attente est une souffrance.
La mémoire de toi, ma seule espérance.

Parce que j'ai besoin de la pensée de toi,
Pour chanter, rire, écrire.
Parce que tu es la seule loi
Qui m'empêche de mourir.

Et je t'attends jour par jour,
Nuit par nuit,
De l'amour
À la vie,
De la vie
À l'amour,
C'est toi.

Je n'ose pas…

Je serais si heureuse que je me réconcilierai avec le temps,
J'irai dire à la fée du bois,
Que j'ai revu ce prince charmant,
Si troublant
Que j'oserai peut-être pour le garder.

Parce que l'amour a besoin d'exulter,
Parce que la nuit a besoin des étoiles
Parce que le rêve a besoin du cheval
Pour jaillir sur les collines de la vérité,
Du doux secret
De me voir t'aimer jour après jour
Dans l'extase de l'amour.

Tu viendras tranquille et souriant,
Et nous rattraperons ce temps
En soignant nos blessures
En s'écoutant parler de quelques murmures.

Et je sentirai à nouveau, le sang affluer en moi
Et je bénierai tous les secrets qui te tiennent encore là.

Dans l'attente, il y a ce feu
Qui me dévore,
Qui touche les satins-bleus
Se couchant et deviennent or
Et qui ne rêve que de te sentir
Une dernière fois,
Avant de te voir partir.

Mon calme se fléchit lorsque je sens le vent dans les palmes,
Des jardins exotiques où tu fleuris :
Il te suffit d'un rayon de soleil et d'une goutte d'eau
Pour que ta force se décuple et que tu deviennes ce héros
Qui sait prendre sa lyre et chanter
Pour aussi amadouer les animaux les plus aguerris.

Tu appartiens à la lignée d'Orphée
Et parfois, je vois les rivages pleurer ;
Alors je m'assieds et je regarde mes mains
Mais je ne sais pas y lire mon destin.

Je ne suis ni gitane, ni Pithie
Je ne suis qu'une femme qui t'écrit.

Les mots de son cœur, de sa passion
Oui, je rêve souvent de cet horizon
Depuis que je t'ai connu,
Et cet horizon souligne des couleurs nues,
Quelquefois des couleurs inconnues ;
Et je n'ai que mon cœur pour les découvrir !

Veux-tu partager le calme de cet endroit, où je crée mon avenir ?

Veux-tu apprendre à écouter les prières dans le vent ?

Es-tu d'accord
Pour saisir les accords
Bleus nuits de tout ce que j'écris ?

La liberté du poète

Est probablement l'unique conquête
De ce Verlaine amoureux,
D'un Rimbaud un peu heureux, un peu malheureux.
Qui boit des bocks et injurie la beauté,
Et qui par son amant se fait blesser.

Et si ma liberté t'attend
Elle ne cesse de couler dans le vent,
De nos premiers instants,
Où tu as su dompter tout le feu
Qui en te voyant, est apparu dans mes yeux.

Un certain matin, tu es venu jusqu'à moi
Sans savoir que je découvrirai en toi
Le besoin, le rêve, l'envie de te revoir
Et avec toi, de partager tous les hasards.

De surmonter les vallées toujours un peu plus haut
D'apprendre à sourire aux oiseaux.
De chanter dans une langue inconnue
Pour que personne, jamais ne se perde à chercher la statue
Que Pygmalion a librement cachée
Quelque part en Grèce, dans un palais.

Galatée restera le plus grand secret
Et probablement l'unique liberté
De ce sculpteur qui a su attendrir les dieux !

Aphrodite n'est pas inaccessible, elle peut
Découvrir dans mes yeux
L'étrange parfum que je dessine sur les mots que je t'écris.

Et cela, pour la vie.

Pourtant je t'attends,
Tout le temps.

Les rideaux aux fenêtres
Laissent transparaître
Mon début et ma fin
Lorsque le jour court depuis le matin,
Et que ma vie s'anime telle une mélopée ou un refrain.

Tu n'es jamais parti,
Pourtant je te cherche, penchée vers l'infini
Et les anges me donnent les nouvelles
De l'incroyable carrousel,
Où tu joues, sûr de ton succès auprès des percussions,
Des flûtes, des tambourins et quelquefois du violon
De cet ancien maître qui t'a enseigné la merveille
Et à chanter depuis ton réveil.

Je caresse ce lit où tu t'endors,
Je caresse ces rêves où je t'ai couvert d'or.

Tu n'es jamais parti,
Je t'ai attendu trente et une nuits
Et encore une fois tu m'as souri,
Alors j'ai chanté sous le soleil et la pluie
Pour saluer ton infini
Et j'écoute à nouveau tous les mots que tu m'as dit.

Chaque jour derrière la belle ombre de la poésie.
Celle qui paraît depuis la nuit,
Au summum de mes songes errants
Et qui explose en un instant.

Alors je caresse le bois que le feu consume
Et dans le sang de la fée, je plonge ma plume,
Et je voyage jusqu'au pays de la licorne bleue
Ce pays où quelquefois s'allume l'astre mystérieux.

Je te souris parce que tu soulèves en moi la vague océane
Ou le sursaut de ce petit ruisseau diaphane,
Parce que dans mon cœur toujours ton prénom fleurit.
Ma vie devient
Un jardin !

Ma vie devient,
Un torrent sans fin
Dont l'eau ne cesse de couler
Et qui murmure mon secret à l'encontre de tous ces rochers.

Mon secret
Dure maintenant depuis quelques éternités,
Les premières, pleines de la douceur ce ce berger
Jusqu'à aujourd'hui,
Où toutes mes nuits
T'ont sacré roi !

T'asseoir près du coffret
Qui renferme la perle nue ?
Et lentement me regarder pleurer
De tout ce temps que nous avons laissé
Entrer et devenir un jardin, …, sauvage ?

Ensemble, regardons nos visages.

Sauras-tu trouver les onguents
Et me laisser t'offrir le diamant
De notre premier printemps ?

Je ne veux rien prendre,
Je veux juste apprendre
À t'aimer,
Sans te parler.

Alors, peut-être, tu auras besoin de mes mots
Comme moi, j'ai besoin des tiens.
Tel le passage de la lumière dans le matin.
Sans toi, je suis dans un désert si chaud
Que la poussière vole toujours plus loin.

Il n'y a plus aucune limite
À chaque instant, j'invite
Les rivages à retrouver les terres tranquilles,
Loin des fabuleuses idylles
Des dieux et des déesses
Qui sans cesse,
Traversent mon ciel.
Sauras-tu rester l'essentiel ?

Une femme pleine de l'elixir de jouvence,
Et, qui, sage compte toutes les chances
De revivre et d'être à nouveau
Une nouvelle fois
Emportée sur les roulis des flots
Où tous les soleils peuvent poser leurs éclats.

Je suis heureuse de te retrouver
Après tout ce temps passé.

Je suis
La dernière folie
De ce que t'offriras la vie,
Car je ne suis
Qu'une pierre sur le chemin.

Je suis le rythme succint
De tes silences dans le matin,
Je suis la larme aux couleurs de satin
Qui se laissent échapper de tes mains.

Je suis dans le rêve et dans l'amour
De tout t'avouer en un seul jour :
Un jour où je parlerais longtemps
Un jour où tu me pardonneras de t'aimer autant !

J'irai danser avec les reflets
Des forêts,
Parce que je suis l'amie de la licorne des bois,
Parce que tu es,

Se laisse raconter toutes les histoires
De cet unique soir.
Que les enfants n'ont pas compris ;
Mais dont la magie
A suffi
À transformer le jour en nuit
Et le nuit en jour
Parce que là est l'intant glamour
Du premier murmure,
Du premier chant
Qui brisent les murs
Des seuls instants
Où tu veux bien t'asseoir à mes côtés
Pour me regarder écrire et quelquefois te parler.

Le rêve endormi,
Flotte aussi sur la folie
Que m'offre ton regard
À chacun de tes départs.

Mais que dire de tes arrivées
Lorsque tu viens porté par le chaos de la cité,
Pour te réfugier
Aux ombrages de ma contrée ?

Je te saluerai avec le vertige de l'amour,
Avec la joie clairsemée
D'un voyage, où du haut de ma tour
Je saurai te faire vibrer.

Alors je me tairai devant l'Alpha
Et l'Omega.

Et je te dirai comment en un jour, tout peut-être construit…
Il suffit de réveiller le rêve endormi.

L'étreinte

Si puissante et si fragile
Qu'annoncent les chemins du rêve, que j'emprunte
Pour venir danser sur tes silences eux aussi fébriles.

Quelle créature nous donnera la force
D'être forts et parfumés comme l'écorce
De cet olivier
Qui a épousé l'oranger
Dans ce jardin oriental et sucré ?

Les fruits du premier serment
S'écrivent parfois le long du temps
Qui enroule son cours
Au sein même de mon amour,
Pour toi.

Et demain, la chanson deviendra éternelle
Pour toi, et moi.

Les nuits demandent pardon à la souffrance informelle
D'avoir ouvert le chemin
Qui sépare l'enfer du paradis.

Alors, peut-être que nos vies
Accepteront de se coucher dans les mains
Du magicien,
Qui veille sur l'étreinte du lendemain.

Table des matières

Encore une fois, ...7

Eux 9

J'ai attendu 11

La larme est là 13

Laisse-moi 15

L'ami 17

Le chant de ta voix 19

Le chevalier à la rose bleue 21

Le désir est fort 23

Le rêve de toi 25

L'endroit bleu 27

Lui 29

Pour D. 31

Tu es le berceau de ma vie 33

Ton chemin 35

En t'attendant 37

La question 39

Le sable (prolongement de la question) 41

La victoire du temps 43

La plus belle danse 45

Le premier rayon de soleil 47

Merci 49

La sirène et son miroir 51

L'attente 53

Quand tu seras là 55

Mon calme 57

La liberté du poète 59

Tu n'es jamais parti 61

Je te souris 63

Sauras-tu ? 65

Je suis 67

Le rêve endormi 69

L'étreinte 71